AF338472

LES

PEUPLES ET LA LIBERTÉ

Toulouse, Imprimerie Troyes Ouvriers-Réunis, rue Saint-Pantaléon, 3.

LES

PEUPLES

ET LA LIBERTÉ

DEPUIS L'ORIGINE DES SOCIÉTÉS JUSQU'A NOS JOURS

PAR

Charles VIRIOT.

PRIX : 2 FRANCS.

TOULOUSE

IMPRIMERIE TROYES OUVRIERS-RÉUNIS

Rue Saint-Pantaléon, 3.

1868

LES PEUPLES ET LA LIBERTÉ

I.

Locke a dit : « Au commencement de toute société,
» il faut poser l'indépendance de l'homme. »

A celui qui consulte l'histoire des temps, même les plus
reculés, il est aisé de voir que ce principe philosophi-
que n'a eu jusqu'ici sa raison d'être que dans le do-
maine des théories ; car on ne saurait rencontrer chez
tous les peuples qui nous ont précédés que des *sociétés
sans liberté ou des libertés sans société.*

Les premiers hommes furent libres, il est vrai ; mais
ces premiers hommes ne constituèrent que la grande
famille patriarcale, cette famille religieuse, campée
aux bords des torrents ou des citernes, comptant les
heures de la tente par les révolutions du *zodiaque des
pasteurs*, et les heures de la royauté patriarcale par
les cheveux blancs *du premier* des vieillards..... cette
famille, dis-je, fut bien une agglomération d'individus
ayant mêmes mœurs ; mais cette agglomération n'é-
tait point une société, c'était même moins qu'une caste ;
souvent, c'était surtout une race envahissant tel conti-
nent, posant — sans le savoir — les premières assises
d'un monde futur..... en un mot, c'était la *famille pri-
mitive* précédant la *famille patricienne* de Rome, comme
cette dernière précéda *les clans* écossais et les *bourgs*
gaulois.

Donc ces premières agglomérations eurent toutes libertés, mais ces libertés ne s'attachèrent point à des sociétés proprement dites.

N'allons point chercher aussi ce que fut la liberté dans
ce que l'on est convenu d'appeler les premières sociétés.

L'homme fut le pendant de l'éléphant en Assyrie ;
la loi égyptienne l'enfouit dans les carrières d'où de-
vaient sortir les pyramides ; le Judaïsme en fit un homme sanguinaire et fanatique; Rome, un soldat orateur,
philosophe et débauché; Carthage lui inscrivit, dans
le cœur, les préceptes du mercantilisme; Lacédémone
inventa l'ilôte; la Grèce prouva et nia tout par ses rhé-
teurs; la Gaule fut un peuple de chasseurs; les hommes
du Nord ont apparu comme des Numides chargés
de glaçons; l'Heptarchie Anglo-Saxonne fut une sorte
de cornue où les races les plus diverses se mêlèrent et
se fondirent par le sort des batailles; il en fut ainsi de
toutes les premières sociétés, qui eurent *toute liberté,*
sauf celle d'être libres.

J'assimilerai volontiers les peuples à leurs monu-
ments; *et s'il est permis de jouer avec les mots,* je dirai
que je trouve chez l'homme, — *édifice moral,* — et
dans le monument, — *édifice physique,* — une archi-
tecture et une marche *égales.*

Je dirai des peuples-pasteurs qu'ils furent les *Tro-*
glodytes de l'humanité; j'avouerai que les *premiers* hommes soumis au régime des sociétés en sont *le Dorique*
et le Toscan; que ceux du *moyen-âge* en semblent le
Gothique; et chacun conviendra avec moi que la *race*
actuelle en est le *Composite.*

Mais j'ai dû anticiper sur les faits.

Nous avons rencontré jusqu'ici d'abord *des libertés*
sans sociétés, puis *les premières sociétés sans liberté.*

Arrêtons-nous à cette heure du monde où le voile
du sanctuaire se déchire dans le temple juif : un juste
vient de mourir, une philosophie vient de naître... et
le soleil, un moment obscurci au sommet du Golgotha,
va reparaître plus brillant pour éclairer un monde nouveau.

Le fils du charpentier de Nazareth a planté la hache
de Joseph dans le tronc de la société romaine : les ra-
cines en étaient pourries, et le tronc a cédé sous la
cognée.

Trois principes nouveaux apparaissent.

— Le Christ a prêché *l'égalité et la communauté* : *il
a créé le Socialisme.*

Le Christ a expiré pour sa philosophie sous la con-
damnation des tribunaux où flottaient victorieuses les
aigles romaines : son dernier soupir annonce au monde
la *prédominance de la philosophie sur la force*, et ses
mains détachées du gibet tendent au monde, à travers
des bras sanglants, *l'héritage de la liberté victorieuse de
César.*

— Le Christ enfin, vient relever la femme de l'ar-
rière-plan où les tablettes de la loi romaine l'ont relé-
guée, et anéantir avec cet asservissement tous les es-
clavages d'un monde qui s'efface.

La définition de la liberté vient d'être donnée au monde.
Le sabre va achever l'œuvre de la philosophie.
Constantin, Alaric et Atila vont *compléter* Jésus-Christ.

II.

Une ère nouvelle s'ouvre, et avec elle le deuxième
âge des sociétés sans liberté.

Franchissons les empires d'Orient et d'Occident; dé-
passons Pepin-le-Bref, souvenons-nous qu'un Pape est

à Rome : arrivons au siècle de Louis IX que l'Eglise a
rangé au nombre de ses saints, et demandons-nous —
en face de cette époque qu'une certaine école a tant
vantée — quels sont les progrès accomplis pour la
liberté depuis *l'ère de l'homme égal à l'homme.*

Quatre mots résument tout: « *Moines, Croisades, Viols
chevaleresques.* »

Je conviens que Louis IX fut un roi juste, mais je
sais aussi qu'il fut un ascète fanatique, et à ce titre
qu'il n'eut pas la moindre notion de la liberté. Le génie
qu'on lui prête ne dépassa point l'ornière de la féodalité
au milieu de laquelle il vivait.

Les peuples et leurs chefs n'étaient pas encore mûrs.

Le christianisme, au reste, philosophie au début,
était devenu plus qu'*une école, une institution,* plus
qu'*une institution, une administration* : les Evêques
étaient nés, et le catholicisme apparut *comme un christianisme à fonctionnaires.*

Les croisades achevèrent de consolider cet état de
choses, et l'on peut dire que par là les chrétiens s'assi-
milèrent aux fanatiques musulmans : l'œil de Charles-
Martel s'y fût mépris, et l'histoire peut avouer de Pierre
l'Ermite qu'il fut par *la parole* ce que le Vieux de la
Montagne fut par le *fait.*

Ces temps furent donc *les moins libres de tous.*

Quittons ce deuxième âge des sociétés humaines ;
regardons si le troisième fut plus propice à la liberté, et
disons : « De l'ère chrétienne à Louis IX, et de Louis IX
à Cromwel, philosophie, luttes théologiques, église-
école, administrations cléricales, schismes, chevalerie,
fanatisme, féodalité. »

Deux grandes pages du livre des peuples vont s'ou-
vrir : la première de Richelieu aux Juristes de la Cons-

tituante ; la seconde de la Révolution française jusqu'à nos jours.

La philosophie chrétienne est devenue une chose écrite, un livre où bien des mandataires ont paraphrasé la parole du Maître, et inscrit en face du catholicisme la liberté du *Moi croyant* : parmi les rois, Henri VIII : parmi les moines, Luther et Calvin. — Je ne dis rien des premiers schismes, et je me borne à mentionner les Iconoclastes.

Un nouvel élément commence à se dégager... *la Libre pensée.*

Les Évêques ont, *les premiers*, ajouté au testament du Maître ; les moines réformateurs sont venus ensuite : les philosophes du XVIIIe siècle vont arriver.

La révolution de la pensée a précédé la révolution du fait, comme l'idée précède le geste : Voltaire doit précéder Mirabeau, et Mirabeau 89.

Les esprits sont déjà libres ; les institutions vont le devenir.

III.

. . . .

. . . .

Vous qui me lisez, si vous avez visité le Musée des Souverains au Louvre, vous avez pu remarquer à la vitrine qui porte le nom de Marie-Antoinette, une pantoufle, certificat d'un pied très-mignon, et une glace où l'on se penche encore comme pour y regarder la gracieuse figure qu'elle réfléchit autrefois : c'est là, avec quelques autres reliques, tout ce qui reste de la fée coquette de Trianon.

On dit que cette petite pantoufle une autre femme, un jour, voulut la chausser ; mais le pied se trouva trop robuste, et la chaussure provoqua le sourire de l'inconnue.

On ajoute que Marie Antoinette, se mirant un jour dans cette glace, qui est devenue comme un mélancolique souvenir, y rencontra un autre visage avec le sien: la reine se croyait seule.

Tout à coup elle se retourne... cette inconnue, elle l'a entrevue dans un rêve sanglant, elle la reconnaît et dit : « La Liberté !... »

. . . .

. . . .

Que s'était-il passé?

IV

Nous touchons au troisième âge des sociétés sans liberté.

Richelieu , la hache à la main, frappe la tête des nobles, et la royauté commence — sans le savoir — l'œuvre de la Révolution Française. — Chose singulière!... le premier qui mit les aristocrates à la lanterne fut le ministre de Louis XIII. — Montmorency n'eût pas mieux péri en 93.

La noblesse et la royauté se frappèrent réciproquement jusqu'à ce que le peuple leur eût creusé une même tombe

A la société du billot succéda celle de Madame de Maintenon, de la Pompadour, des demoiselles de Nelles, et de la Dubarry.

La liberté s'avançait toutefois dans les bras de la libre-pensée: l'homme recherchait ses droits afin de mieux connaître ses devoirs. L'école de Voltaire reprit les principes d'égalité; les arrêts des parlements se ressentaient de l'opinion publique; l'Encyclopédie parut et porta le dernier coup... Voltaire, d'Alembert et Diderot avaient ouvert d'effrayants horizons au peuple.

La révolution d'Angleterre frappait aux portes de la France comme un précédent.

Law aida à la chute en conduisant à la banqueroute. Mirabeau ébranla le trône, et la Révolution Française se dressa sublime sur le monde.

La déclaration des droits de l'homme fit bondir d'aise toutes les poitrines; la liberté avait apparu...

La glace de Marie-Antoinette ne l'avait point trompée.

V

Les Juristes de la Constituante, cette assemblée de rois — comme il le fut dit du sénat Romain — s'attachèrent à prouver que la Liberté *c'était la tranquillité dans l'ordre, et que l'ordre c'était la loi.*

Les rancunes populaires restèrent sourdes : les vengeances et les crimes se donnèrent la main.

Ce furent pour le philosophe des heures de mélancolie profonde et de dégoûts, ces journées, où — si je puis m'exprimer ainsi — l'on vit à l'œuvre des Septembriseurs de chaque mois.

Nous avons donc jusqu'ici étudié des libertés sans société, ou des sociétés sans liberté; maintenant nous ne rencontrons ni société, ni liberté : c'est le chaos d'où devra sortir un seul monde, le plus dangereux de tous, LE MILITARISME. 93 a tué 89, et le 18 brumaire, plus utile encore qu'audacieux, apparut comme un remède violent.

Il n'est peut-être pas inopportun de remarquer ici comment l'œuvre du sabre se joint à l'œuvre de la philosophie, aux heures des libertés populaires.

Je l'ai déjà dit : le Christianisme fit sa route sous le sabre; la Réforme porta le mousquet; la révolution fit avec les baïonnettes françaises le tour du monde.

Mais, de même que l'épée des hommes du Nord facilita la réaction chrétienne dans l'univers entier, de même l'épée de Bonaparte introduisit chez les vaincus ce qui valait même mieux que la gloire du vainqueur..... les *idées françaises de 89*.

Si l'on était juste, on aurait ouvert une ère nouvelle aux journées de 89, de même qu'on l'a ouverte aux prédications du Christ. L'empire romain fut rayé par le fils de Joseph , l'empire de la féodalité fut anéanti par la Révolution française : de ces deux puissances jaillirent des aspirations vierges et fortes, et des hommes féconds et nouveaux.

— La loi débarquait sur un nouveau monde.

VI

. . . .

Or on entendit une voix plaintive aux ruines de la Bastille, et des gens du peuple s'écrièrent : « La Liberté s'en va ! »

On avait dit autrefois à Rome : « Les Dieux s'en vont ! »

Et la Liberté ne s'en fut point.

Et comme le Code naissait, elle le salua, car le Code pouvait être défini alors la première étape de l'affranchissement du peuple.

Et elle s'assit au milieu du Forum, et des licteurs qui précédaient César vinrent pour la frapper.

Et celle-ci leur cria : « *Dites à César que je reviendrai !* »

— On raconte que des ouvriers en 1830 et en 1848

s'arrêtèrent étonnés devant certaines portes des Tuileries, où on lisait en gros caractères : « ON N'ENTRE PAS ICI ! »

Ils ramassèrent un morceau de plâtre, et écrivirent au-dessous :

« QUELQUEFOIS ! »

— En effet la Liberté venait d'y entrer.

VII

Je dirai très-peu de chose de la société du 18 brumaire à 1848.

Le peuple fut ébloui d'être lui-même après tant d'années de servage. Tour à tour esclave ou révolté, il acquit son expérience en soulevant le pavé des barricades.

Je ne veux pas me faire l'apologiste du drapeau rouge : par raison, je l'abhorre; par la loi des réactions, je suis forcé de l'admettre, car il fut souvent le mandataire des destinées des peuples. Préférons-lui toutefois le drapeau tricolore, si le vent de la liberté vient en soulever les plis. Lamartine nous a dit de lui qu'il avait fait le tour du monde, tandis que le drapeau rouge n'a fait que le tour de l'échafaud : au premier donc les rayons de la gloire, au second la pénombre de l'abattoir.

La société que nous jugeons fut donc une société sans liberté, mais s'acheminant vers elle par mille sacrifices et sans défaillances.

Les Bourbons de la branche aînée firent leurs adieux à la France ; ils étaient les vaincus de la veille et ne pouvaient être les rois du lendemain.

Les événements actuels nous prouvent, au reste, que la Révolution ne les peut épargner en aucun lieu de l'Europe.... Ne sont-ce pas, en effet, deux éléments contraires se livrant un duel à mort ?

—Louis-Philippe fut un mât de cocagne autour duquel M. Thiers et M. Guizot se livrèrent une lutte de porte-feuille.

Elles durent être bien étonnées, ces deux célébrités, lorsqu'arrivées au sommet du mât, et tendant les bras pour saisir le prix de la lutte, elles n'y rencontrèrent que les foudres du peuple.

M. Guizot, M. Thiers et le peuple répétèrent lugubrement la fable de *l'Huître et les Plaideurs.*

Tandis que les deux premiers se disputaient le commandement, le troisième survint qui s'en empara, et, comme dans l'apologue, une moitié de la coquille fut laissée à chacun des plaideurs : ceux-ci la portèrent à leur roi qui la retourna pour en connaître le contenu ; il y lut ce qu'on lisait autrefois sur les coquilles d'Athènes: « Ostracisme ! »

Louis-Philippe prenait le chemin de l'exil.

VIII.

1848 fut un beau rêve, et eut bien des analogies avec 89 ; ces deux révolutions furent préparées par des théoriciens.

La royauté avait fait des théories sous le règne précédent.

Les Chambres avaient traversé des systèmes opposés.

La presse rêvait une république.

Les manœuvres sans travail étaient socialistes.

L'armée conspirait, comme autrefois les légions romaines.

Tout homme était un problême.

1848 en fut l'opération et la preuve.

Le coup d'Etat du 2 décembre se dressa violemment comme une contre-épreuve.

Le salut public lui donna raison.

Que l'on accepte ou non le coup d'Etat comme une chose juste, on doit au moins reconnaître que ce fut une chose opportune, et que cette opportunité vaut justice.

La démagogie allait dévorer le républicanisme....

Louis-Napoléon Bonaparte écarta les deux.

IX.

On peut dire du second Empire qu'il porte 1848 dans ses flancs : cette révolution qu'il a voulu absorber, lui est restée à la gorge : c'est sa pomme d'Adam.

1848 fut une révolution de principes, plus même qu'une révolution de fait : de là, sa puissance, même après sa chute.

Quelques guerres ont pu passionner la multitude et détourner un moment son attention ; mais le bruit du canon est tombé, et la voix de la nation a pu se faire entendre.

Le chef de l'Etat, marchant avec la nation, a compris que l'heure des sociétés avec liberté a sonné à l'horloge des peuples.

Il a écrit aux Chambres une lettre qui oblige et que j'appellerai volontiers une Charte sur parole : des influences secondaires ont nui à l'initiative impériale... les lois d'émancipation nouvelle ont en partie avorté.

Et cependant nous sommes à une époque de transition où les sociétés tendent à conquérir leur liberté autrement que par la voie des révolutions : il est temps de détourner le flot puisqu'il le permet, demain peut-être il serait trop tard : la digue la meilleure à lui opposer, c'est la route où il ne demande qu'à couler paisiblement.

De l'un à l'autre hémisphère, on sent le monde en fermentation.

Les peuples doivent revêtir enfin la robe virile.

Jusqu'ici les théories ont créé les révolutions ; mais aux théories a succédé une science nouvelle, l'économie de ces mêmes théories ; l'expérience a perfectionné les systèmes.

Peu importe désormais le nom du commandement suprême ; ce qui attire l'attention , c'est l'exercice de ce commandement, et les lois sur lesquelles repose cet exercice.

Toute la nation est une Constituante intime, et tout citoyen est un Juriste exact.

Mettons à part quelques imaginations malades, et demandons-nous quels sont les vœux du peuple.

Ils reposent sur trois choses : « L'Eglise, l'Instruction publique et le Commerce. »

Il n'est pas de nécessité sociale que ces trois agents de la société ne contiennent. Par conséquent, leur liberté ou leur asservissement entraînent la liberté ou l'asservissement du peuple : c'est à les satisfaire que doivent concourir les lois futures.

A l'Eglise d'abord, à elle surtout la liberté ; car l'Eglise, — quel que soit le dieu qu'elle place sur ses autels, — est la gardienne des consciences, et de sa liberté découle celle des autres.

Quant à l'instruction publique, « que l'on peut définir l'Eglise de l'esprit, » nous la rangeons au même rang que l'*Eglise du cœur*.

En elle, nous comprenons d'ailleurs ce qui, sans elle, n'existerait pas : l'enseignement de la jeunesse d'abord, puis la Presse, cet enseignement de la science politique des peuples ; enfin le droit, cette dernière étude qui éclaire et dirige les autres.

A tous ces titres, liberté! On ne violera pas une de ces choses, sans violer, avec elle, toutes les autres.

On ne saurait que féliciter le Ministre qui préside actuellement à l'extension et à la réforme de l'instruction publique en France. Armé de la libre-pensée, qui seule conduit à la vraie lumière, il a laissé tomber sans y répondre des incriminations épiscopales, dont le plus léger tort est d'être plus vieilles que celui qui les a écrites.

Nous avons trouvé pour la Presse d'honorables initiatives. M. de Ségur d'Aguesseau a été pour elle comme détracteur ce que M. Dupanloup a été pour l'enseignement de la jeunesse. Il est bon alors de se souvenir de M. de Laguéronnière, en lui ajoutant Jules Favre, Jules Simon, Ernest Picard, et sur un terrain *presque* libéral, M. Rouher lui-même.

Son discours au Sénat fut plus qu'un triomphe parlementaire : une justice rendue au journalisme.

La Presse, au reste, fut la première qui accueillit le prince Louis Napoléon, et il ne saurait, — aujourd'hui Empereur, — renier la tribune où il lui fut donné de parler pour la première fois à la France.

Quant au droit, — gardien de l'Eglise et de la Presse, — sa liberté n'est autre que la leur.

Nous avons hâte d'arriver au commerce. Nous rencontrons ici tout ce qui le sert ou tout ce qui le détruit :

« La politique du chef de l'Etat, l'armée de ce chef, la richesse intérieure, et le libre-échange. »

« La politique du chef de l'Etat, si elle est sûre et franche, engage les relations commerciales de peuple à peuple ; mais cette politique ne peut être certaine qu'autant qu'elle s'associe aux vœux de la multitude.

Les nations tendent à se rapprocher par des transactions internationales ; seules, les frontières nuisent à cette alliance universelle assurée par la communauté des intérêts.

Ces frontières... ridicules débris du passé, espèces de clôtures de propriétés nationales, croulent chaque jour, quoique la *bismarkomanie* ait soulevé le plus sauvage militarisme pour les défendre.

Les peuples rient sous les armes ; ils sont assez mûrs pour comprendre que les véritables armées sont celles qui promènent les intérêts de tous à travers tous les pays. Les baïonnettes n'enrichirent jamais, le commerce toujours : témoin le sac de laine sur lequel siége le lord chancelier d'Angleterre.

Le jour où les frontières auront disparu, le militarisme aura disparu aussi ; les guerres ne vivront plus que dans les ballades des poètes ; tout échange sera libre ; l'agriculture retrouvera les bras qu'on donnait à l'armée, et tout cela, sans effort, par la seule logique des choses.

Chose pénible !... on a versé beaucoup de sang sur les champs de bataille , mais on ne s'est pas encore battu pour une idée ; on ne s'est battu que pour des mots. La guerre, au reste, ne fut jamais une pensée, ce fut toujours une folie.

La féodalité, qui parqua les hommes, inventa les frontières.

X.

Nous avons donc vu tour à tour des libertés sans société, des sociétés sans liberté, puis ni société, ni liberté, enfin une société touchant à la liberté.

Il est évident qu'une crise est imminente ; je voudrais que la guerre et la révolution n'en fussent point les agents. Le canon et l'échafaud m'ont toujours paru aussi peu glorieux l'un que l'autre.

L'épée de la France est, dit-on, engagée dans cette question ; je crois qu'il serait plns juste de dire que c'est sa politique.

Si elle consent à la guerre, elle commettra, à mon sens, une grave faute : « elle aura dégaîné la première. »

Il y a quelque chose de plus fort que nos légions pour vaincre la Prusse et la Russie, c'est la Liberté qui se lève géante, portée au milieu des peuples par la Philosophie et l'Industrie.

Qui fera la guerre, recevra son soufflet dans un jour de bataille.

Le seul avènement qui puisse être préparé, c'est celui des sociétés libres ; et puisque tous les éléments d'une ère nouvelle apparaissent, souvenons-nous de la parole de Locke : « Au commencement de toute société, il faut poser l'indépendance de l'homme. »

Si j'étais Napoléon III, je ferais pour l'Europe entière le 2 Décembre de la Liberté !

Charles VIRIOT.

Toulouse, imp. Troyes Ouvriers Réunis, rue St-Pantaléon, 5.

www.ingramcontent.com/pod-product-compliance
Lightning Source LLC
Chambersburg PA
CBHW061717050726
47598CB00004B/1893